AF316711

La Gran Aventura del Bosque

Escrito por

Daian Books

Érase una vez, en un bosque vibrante y encantado, vivía un grupo de amigos animales que eran tan diferentes como cercanos.

En el corazón del bosque,
estaba Benny el Oso.

Benny era grande, fuerte y un poco torpe.

Le encantaba la miel y siempre estaba dispuesto a echar una pata a sus amigos.

Una mañana soleada, mientras buscaba miel, Benny se topó con un viejo mapa andrajoso enterrado bajo un montón de hojas.

El mapa tenía una gran X roja y una nota que decía: "El mayor tesoro se encuentra dentro".

Emocionado, convocó a sus amigos para compartir el descubrimiento.

Lulu la Coneja fue la primera en llegar.

Era rápida e inteligente, siempre se le ocurrían ideas brillantes.

Le encantaba saltar y explorar nuevos lugares.

Luego vino Ollie el Búho, que se posó en una rama sobre ellos.

Ollie era sabio y podía ver las cosas desde las alturas.

Le encantaba leer y compartir historias con sus amigos.

Fiona la Zorra llegó poco después.

Fiona era astuta y rápida, con un agudo sentido de la orientación y un espíritu aventurero.

Finalmente, el pequeño Milo
el Ratón se escabulló.

Milo era pequeño pero poderoso, con un gran corazón y una habilidad especial para resolver problemas.

Benny les mostró el mapa a sus amigos.

Ollie lo examinó con sus ojos penetrantes.

"Esto se parece al antiguo Bosque de los Susurros", gritó.

"¡Debemos encontrar este tesoro!" —exclamó Lulú, saltando de emoción—.

—Deberíamos empacar lo esencial —sugirió Fiona sabiamente—.

"Comida, agua, un botiquín de primeros auxilios y cualquier otra cosa que podamos necesitar".

Milo corrió de un lado a otro, reuniendo pequeñas herramientas que pensó que podrían ser útiles.

Con todo listo, los amigos se lanzan a su gran aventura.

Los amigos siguieron las pistas del mapa, que los llevó al resplandeciente Río de los Reflejos.

El río era demasiado ancho para cruzarlo a nado, por lo que tuvieron que construir una balsa.

La fuerza de Benny, la velocidad de Lulu, la guía de Ollie, la planificación de Fiona y la inteligencia de Milo jugaron un papel importante en la construcción exitosa de la balsa y el cruce del río.

A medida que se adentraban en el bosque, se enfrentaron a varios desafíos.

Primero, se encontraron con las Cuevas Resonantes, donde cada sonido resonaba con fuerza.

Los pasadizos oscuros y estrechos eran intimidantes, pero el pequeño tamaño de Milo le ayudaba a abrirse paso y guiar a los demás.

A continuación, llegaron al Acantilado de los Vientos, un alto acantilado con fuertes vientos que puso a prueba su coraje.

Los agudos instintos de Fiona encontraron el camino más seguro, y la fuerza de Benny aseguró que todos subieran de manera segura.

Su último desafío fue el Matorral Enmarañado, un denso matorral que parecía intransitable.

La rapidez mental de Lulu y la fuerza de Benny despejaron el camino, con Ollie guiándolos desde arriba.

Después de superar los desafíos, llegaron a un claro oculto donde la X marcaba el lugar.

Cavando   juntos,
desenterraron un viejo cofre.

En su interior, no encontraron oro ni joyas, sino algo mucho más valioso: un libro lleno de historias del bosque y sus criaturas, que enseñaban lecciones de amistad, valentía y bondad.

Los amigos se dieron cuenta de que el verdadero tesoro era su viaje juntos y las lecciones que aprendieron en el camino.

Decidieron compartir las historias con todos los animales del bosque, enseñando a todos sobre el trabajo en equipo, el coraje y la importancia de la amistad.

El bosque encantado nunca volvió a ser el mismo.

Las aventuras de los amigos inspiraron a otros, y el bosque se convirtió en un lugar de unidad y alegría.

Benny, Lulu, Ollie, Fiona y Milo continuaron explorando, siempre listos para su próxima gran aventura.

Y así, la Gran Aventura del Bosque se convirtió en un cuento preciado, recordando a todos que el verdadero tesoro no reside en las riquezas, sino en los lazos de amistad y las aventuras compartidas juntos.

Fin

www.ingramcontent.com/pod-product-compliance
Lightning Source LLC
Chambersburg PA
CBHW081352150726

48196CB00005BA/471